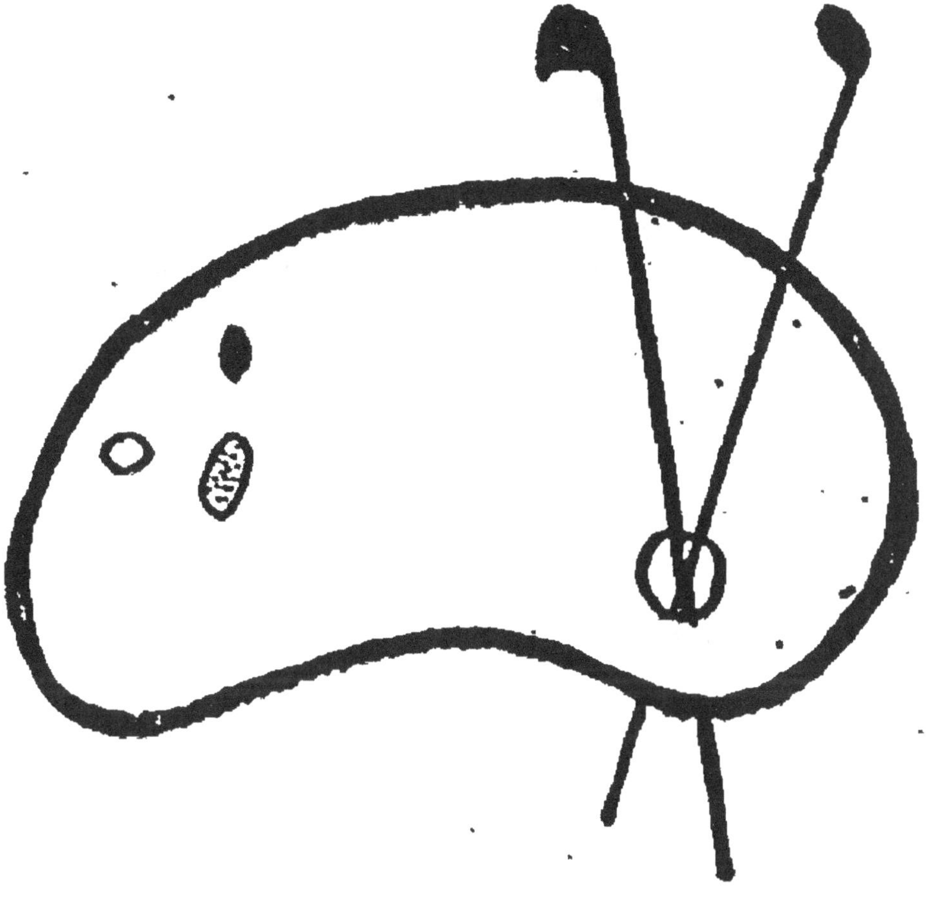

DÉBUT D'UNE SERIE DE DOCUMENTS
EN COULEUR

5 mai 1851

CATALOGUE

D'UNE COLLECTION

DE

TABLEAUX

PARMI LESQUELS ON REMARQUE

LA MADELEINE DE GREUZE,

des Sujets mythologiques de Boucher,

et des Scènes champêtres de Demarne,

ET

QUELQUES OBJETS DE CURIOSITÉ

DONT LA VENTE SE FERA

Pour cause du Décès de M. PROUSTEAU DE MONTLOUIS,

LES LUNDI 5 ET MARDI 6 MAI 1851,

à midi,

HOTEL DES VENTES,

RUE DES JEUNEURS, N. 42,

Par le ministère de Me **BONNEFONS DE LAVIALLE**,
Commissaire-Priseur, rue de Choiseul, n. 11,

Et de Me **DUCROCQ**, son confrère, rue des Bons-Enfants, n. 26.

Assistés de M. **DEFER**, Expert, quai Voltaire, n. 21,

Et de M. Ferdinand **LANEUVILLE**, Expert,

Rue Neuve-des-Mathurins, 73,

Ci-devant rue Caumartin, 41.

Chez lesquels se distribue le présent Catalogue.

EXPOSITION PUBLIQUE

Les Samedi 3 et Dimanche 4 Mai 1851, de midi à 5 heures.

PARIS

IMPRIMERIE ET LITHOGRAPHIE MAULDE ET RENOU,

Rue Bailleul, n. 9-11, près du Louvre.

1851.

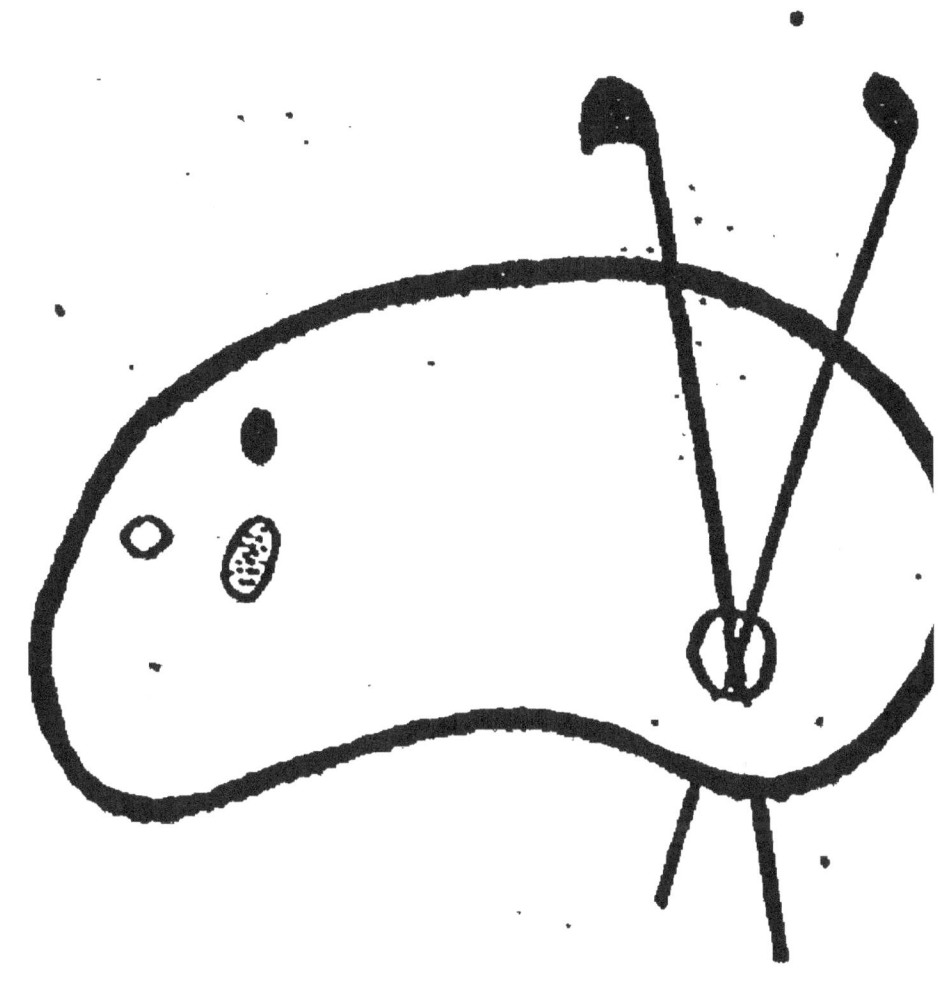

FIN D'UNE SERIE DE DOCUMENTS
EN COULEUR

CATALOGUE

D'UNE COLLECTION

DE

TABLEAUX

PARMI LESQUELS ON REMARQUE

LA MADELEINE DE GREUZE,

des Sujets mythologiques de Boucher,

et des Scènes champêtres de Demarne,

ET

QUELQUES OBJETS DE CURIOSITÉ

DONT LA VENTE SE FERA

Pour cause du Décès de M. PROUSTEAU DE MONTLOUIS,

LES LUNDI 5 ET MARDI 6 MAI 1851,

à midi.

HOTEL DES VENTES,

RUE DES JEUNEURS, N. 42,

Par le ministère de Mᵉ **BONNEFONS DE LAVIALLE**,
Commissaire-Priseur, rue de Choiseul, n. 11,

Et de Mᵉ **DUCROCQ**, son confrère, rue des Bons-Enfants, n. 30.

Assistés de M. **DEFER**, Expert, quai Voltaire, n. 21,

Et de M. **FERDINAND LANEUVILLE**, Expert,

Rue Neuve-des-Mathurins, 73;

Ci-devant rue Caumartin, 41.

Chez lesquels se distribue le présent Catalogue.

EXPOSITION PUBLIQUE

Les Samedi 3 et Dimanche 4 Mai 1851, de midi à 5 heures.

PARIS

IMPRIMERIE ET LITHOGRAPHIE MAULDE ET RENOU,
Rue Bailleul, n. 9-11, près du Louvre.

1851.

AVANT-PROPOS.

M. PROUSTEAU DE MONTLOUIS que la mort vient d'enlever aux arts, était encore du nombre de ces amateurs zélés, dont le goût pour les Tableaux ne s'était pas ralenti, et jusqu'au dernier jour de sa longue carrière, nous l'avons vu poursuivre dans nos ventes l'acquisition de Tableaux objets de ses désirs. Sa collection jouissait d'une grande réputation, et cependant elle était peu connue, le grand âge de M. Prousteau de Montlouis l'ayant éloigné du monde; mais le peu d'amateurs et d'artistes admis à la visiter, avaient remarqué avec admiration, la Madeleine en prière, chef-d'œuvre de Greuze, des sujets Mythologiques de Boucher, les plus beaux connus, une Nativité du Perugin, et un Paysage de Teniers provenant de la Galerie Errard, des Scènes Champêtres de Demarne, des plus capitales de ce maître, et nombre d'autres Œuvres distinguées pour lesquelles nous renvoyons au Catalogue.

CONDITIONS DE LA VENTE :

Elle sera faite au comptant.

Les acquéreurs paieront, en sus des adjudications, cinq pour cent applicables aux frais.

DÉSIGNATION
DES TABLEAUX.

ALBANE (Attribué à l').

1 — Joseph et Putiphar, tableau sur cuivre.
2 — Vénus et les Amours.
3 — Jeux d'enfants, deux petits tableaux sur cuivre, faisant pendant.

BERKEIDEN (Guérard).

4 — Des Chevaux sont abrités sous une grange, tandis que leurs cavaliers prennent part à une fête de village que l'on voit à droite de la composition. Bon tableau.

BILCOCQ.

5 — Une jeune fille, sa toilette négligée, accourt chez son voisin l'empirique pour le consulter sur un mal dont elle a quelques soupçons.

BOILLY (Louis).

— 6 — Composition gravée sous le nom de la Douce résistance. Bon tableau du maître.

— 7 — La Marchande de cerise, tableau de forme ovale.

— 8 — Jeune fille ouvrant secrètement la porte à son amant.

— 9 — Réunion de têtes en charges, de personnages contemporains de l'artiste. Dessin au crayon très terminé. Signé et daté de 1825.

BOUCHER (François) et LANCRET.

— 10 — Quatre sujets mythologiques de la plus belle qualité du maître, ayant fait partie d'une décoration d'un boudoir sous Louis XV, peut-être celui de Mme de Pompadour, dont les traits nous semblent répétés dans la figure de Vénus, qui figure dans ces compositions. Ces sujets sont tirés de la Fable et représentent les amours de Vulcain et Vénus, Vénus et les Amours, Mars et Vénus que surprend Vulcain, et le Jugement de Pâris. Ces tableaux sont signés et datés de 1754, ils ont été arrangés en forme de paravent, et il se trouve au revers de chacun d'eux une composition pastorale de Lancret.

BOUCHER.

11 — Diane et Calisto; Vénus et Adonis. Ces deux gracieux tableaux sont de forme ovale et dans leurs bordures du temps.

DU MÊME.

12 — Le Repos des bergers, le Joueur de musette; deux tableaux sur bois, compositions pastorales, elles sont gravées.

13 — Le Moulin à eau, paysage pittoresque.

BOUHOT, 1828 (signé).

14 — Intérieur.

BOUNIEUX, 1790.

15 — Jeune garçon aux cerises.
16 — Tête de Bethsabé, tableau de forme ovale, 1790.

BREEMBERG.

17 — Eliezer et Rebecca.

BREUGHEL (Jean).

18 — Une Foire de village, tableau sur bois, composition de plus de cent cinquante figures.
19 — Ville de Hollande, temps d'hiver; tableau sur bois.

20 — Village de Hollande, au bord d'une rivière; tableau sur bois.
21 — Paysage flamand.

BRILL (Paul).

22 — Grand paysage avec ruine, au premier plan des chèvres que trait un paysan, et autres personnages dans diverses occupations. Les figures sont attribuées à An. Carrache.

BRUANDET.

23 — Deux paysages en pendant et cintrés; riches cadres sculptés.
24 — Paysage.

CANELLA.

25 — Route de Barcelone à Madrid.
26 — Une Eglise du Col de Balaguer.

CARRACHE (Ecole des).

27 — Christ descendu de la croix.

CHANTREAU.

28 — Aubade à Minet. Composition très amusante; des singes, des chats et des nègres forment un concert de divers instruments; tableau sur bois.

CHARDIN.

29 — Jeune garçon élevant un château de cartes. C'est le fils de M. Masson, orfèvre de Louis XV. Composition gravée.

CHARPENTIER.

30 — Buste d'une jeune fille coiffée d'une marmotte.

CIGNANI.

31 — La Madeleine.

CLAUDE LE LORRAIN (Ecole de).

32 — Marine. Effet de soleil couchant.

CLEEFF (Van), élève de Crayer.

33 — Saint Claude, évêque, distribuant du pain aux pauvres.

COYPEL.

34 — Sujet mythologique.

DABOS.

35 — La Caravane du Caire, vente d'une esclave.
36 — Le Docteur Gall examinant la tête de Napoléon.

DEMACHY.

72 -37 — Vue de la colonnade de Louvre.

DEMARNE, 1789.

1-900 -38 — Foire de village, riche composition d'un grand nombre de figures et d'une parfaite exécution; ce beau et capital tableau, le plus parfait du maître, a été peint en 1789, pour M. le comte de Harpp. Il est sur bois.

571 -39 — Procession de la Fête-Dieu; tableau sur bois peint en 1801, du bon temps du maître.

570 -40 — Le Retour du fermier, scène champêtre; tableau capital.

41 — Le Troupeau et Champ de blé; tableau sur bois.

295 -42 — La Visite à la ferme.
840 -43 — Le Moulin à eau.

44 — Scène champêtre, une bergère trait une vache.

45 — Un Moulin à eau, peinture sur verre.

46 — Deux vues prises dans le parc de Saint-Cloud, peintures sur verre.

DEMAY.

305 -47 — Fête de village.
161 -48 — Le Maréchal ferrant; tableau sur bois.
310 -49 — Rentrée des foins.
23 -50 — Une Chasse.

51 — Deux petits paysages, tableaux sur bois.

DETROY (Composition gravée de).

52 — Les apprêts du bal. Tableau sur bois.
— Le retour du bal. Tableau sur bois, pendant du précédent.

53 — Les deux mêmes compositions peintes aussi sur bois.

DEVOUGES (signé).

54 — Jeune garçon vu en buste. Ce portrait a été fait sous les yeux de Greuze dont Devouges était élève.

DIETRICY.

55 — Les musiciens ambulants. Cette composition a été gravée par Wille.

DOLCI (Manière de Carlo).

56 — Tête de Vierge peinte sur cuivre, et dans un cadre octogone avec ornements en cuivre.

DOLCI (Attribué à Carlo).

57 — Une femme lisant. Bon tableau sur bois, d'une exécution très soignée. Il provient du cabinet du prince Tuffiakin.

DREUX D'ORCY (M.)

58 — Tête de femme.

DROLOOGTS.

59 — Scène flamande. Tableau sur bois.

DUJARDIN (Attribué à Carle).

60 — Scène d'hiver. Tableau sur bois de forme octogone.

DUFRESNOY (Charles-Alphonse).

61 — Hercule dansant devant Omphale. Composition dont le style et l'exécution rappellent le Poussin, dont Dufresnoy était contemporain. Il est auteur d'un poëme sur la peinture, publié par De Piles en 1684.

FRA BARTHOLOMEO (Attribué à).

62 — Saint Jean et saint Georges. Deux tableaux sur bois.

FRAGONARD (Signé).

63 — Jeune fille effrayée se sauvant à l'approche d'un galant.
64 — La bergère surprise.
65 — Pan et Sirynx.
66 — L'escarpolette. Tableau sur bois d'après Fragonard. Cette composition est gravée par Delaunay.

FRANCISQUE MILLET.

67 — Paysage avec épisode de la fuite en Egypte.
68 — Paysage de style.

FRANCK.

69 — Judith dans la tente d'Holopherne. Tableau sur cuivre.

FRANCK (École des).

70 — Sainte Cécile. Tableau sur cuivre.

GAUFFIER.

71 — L'envoyé d'Abraham.

GIMINIANI (Hyacinthe).

72 — Alexandre et Diogène.
73 — Alexandre et Roxelane. Pendant du tableau précédent. Ils rappellent par leur composition et leur exécution le Dominiquin dont Giminiani s'est inspiré.

GREUZE (Jean-Baptiste).

74 — Sainte Magdeleine ou Marie l'Egyptienne âgée de 20 ans, en l'an 390. Elle quitta ses parents à l'âge de 12 ans, et vécut jusqu'à 17 ans dans de honteux désordres. Alors la curiosité lui fit faire le voyage d'Alexandrie à Jérusalem, avec une troupe de pèlerins, dans le dessein d'assister à l'exaltation de la Croix. A cette vue, elle rentra en elle-même et résolut d'expier ses fautes par la pénitence, et peu de temps après sortit de Jérusalem pour al-

ler vivre dans une vaste solitude au-delà du Jourdain. C'est dans ce lieu désert et lorsqu'il ne lui restait plus de vêtements pour se couvrir, que Greuze a représenté la célèbre pécheresse. Son attitude est celle d'une personne qui se livre à la douleur, son expression est celle du repentir. De la main gauche, sur laquelle repose sa tête agitée par les remords, elle se cache la moitié du visage, ce qui semble dire que, tout éloignée qu'elle est du monde témoin de ses égarements, elle veut encore lui cacher la honte qui est empreinte sur son front.

Ce tableau est un de ceux où Greuze a donné la preuve éclatante du rare talent avec lequel il a su rendre les chairs en leur donnant les couleurs de la vie. Qu'il y a d'ailleurs de simplicité dans la pose! Qu'il y a de regrets, de douleur profonde, dans les traits du visage! Que la triste Egyptienne est bien tout entière au malheur qu'elle a eu d'offenser Dieu, dont elle implore maintenant la clémence! Nous nous dispenserons de nous étendre davantage sur le mérite de ce tableau; son plus bel éloge est dans le nom de CHEF-D'OEUVRE DE GREUZE.

75. — Le dessin et première pensée du tableau ci-dessus. Ce dessin vient du cabinet Revil.

GREUZE (Attribué à).

76 — Tête de jeune fille. Tableau de forme ovale. Une note de M. Prousteau de Montlouis indique ce portrait comme celui de Mlle Greuze, morte en 1812.

77 — Tête de la Magdeleine. Tableau peint sur bois.

78 — La jeune fille aux colombes. Ce portrait est indiqué comme celui de Mme Mayer.

79 — Une jeune fille à mi-corps.

80 — Tête de jeune fille.

GREUZE (école de).

81 — Louis XVII enfant, il porte une écharpe bleue.

82 — Jeune garçon jouant avec un chien.

GREUZE (d'après).

83 — Jeune garçon boudant devant son frugal déjeuner. Miniature.

GROS (attribué à).

84 — Portrait de Mlle Raucourt.

GUERCHIN (attribué à).

85 — Tête de femme coiffée d'un turban.

GUIDE (Guido Reni dit le).

86 — L'Annonciation. Tableau sur cuivre.

JANET (attribué à).

87 — Michel Nostradamus. Tableau peint sur cuivre au revers, des armes gravées. Ce portrait a été gravé par Thomas de Leu.

JOLLAIN, peintre français en 1762.

88 — Diane et Endymion. Composition dans le style de Boucher, signé *Jollain, novembre 1762.*

JOSEPIN (César d'Arpino dit le).

89 — Le Mariage de sainte Catherine. Tableau sur bois.

LANFRANC.

90 — Tête de saint Paul.

LARGILLIERE.

91 — Mme de Pompadour.

LANCRET (composition gravée de).

92 — La Partie de campagne, sept figures. Tableau sur bois.

93 — Pastorale; sept figures. Tableau sur bois, pendant du précédent.

LANCRET (attribué à).

- 94 — La Danse dans le parc.
- 95 — La Promenade au parc.

LANTARA (Simon-Mathurin).

- 96 — Paysage traversé par une rivière : au premier plan de jolies figures par M. Demay. Ce tableau est signé et daté de 1763.
- 97 — Paysage.

LE BRUN (école de).

98 — La Pentecôte.

LE BRUN (M**).

99 — Louis XVI enfant.

LECLERC DES GOBELINS.

100 — Pastorale à l'imitation de Lancret. Tableau sur cuivre.

LEDOUX (Mlle Philiberte).

101 — Portrait de l'artiste ; elle porte un bouquet à son corsage. Tableau de forme ovale.

LEMOINE.

102 — Le Temps qui découvre la vérité.
103 — Persée et Andromède. Ce tableau et le précédent ont été gravés.

LE NAIN.

104 — La Famille du bûcheron.

LEPRINCE (Jean-Baptiste).

105 — La Marchande d'œufs; deux figures. Tableau daté et signé (1785).

MALLET.

106 — Atala et Chactas.
107 — Hébé versant le nectar.

MARATTE (Carle).

108 — Sainte-Famille. Tableau sur bois, cadre octogone en ébène, avec ornements en cuivre.

MIGNARD (école de).

109 — Portrait de Louis XIV.

MIGNARD.

110 — Mlle De la Vallière représentée en Madeleine.

MURILLO (composition de).

111 — Fuite en Egypte. Tableau sur bois.

MURILLO (école de).

112 — Jeune paysan occupé à chanter.

113 — Saint François et sainte Thérèse adorant l'Enfant-Jésus dans sa crèche.

MOITTE.

114 — Jeune Cuisinière endormie. Tableau sur bois.

MOLA (François).

115 — La Sainte-Famille en Egypte; des anges adorent l'Enfant-Jésus.

NATTIER.

116 — Un Amour et deux jeunes Femmes, l'une d'elles tient un masque.

NATTIER (école de).

117 — Jeune Femme dans un riche costume du temps de Louis XV.

NETSCHER (école de).

118 — Tête de jeune fille.

OUDRY (Jean-Baptiste).

119 — Un Chien poursuivant des oiseaux dans un marais.

120 — Pendant du précédent. Réunion de diverses espèces de gibier.

PANNINI.

121 — Intérieur du Panthéon. Petit médaillon sur cuivre.

PARMESAN (d'après le).

122 — L'Amour taillant son arc. Miniature.

PAUL VERONÈSE (école de).

123 — Vénus et l'Amour; deux figures à mi-corps. Tableau sur ancien panneau.
124 — Sémiramis faisant construire Babylone, l'une des sept merveilles. Tableau sur bois.

PAUL VERONÈSE (composition de).

125 — Danaë recevant Jupiter sous la forme d'une pluie d'or.

PAU DE SAINT-MARTIN.

126 — Le Moulin à eau. Etude d'après nature.

PETER-NEEFFS.

127 — Intérieur de la cathédrale d'Anvers, figures de Jansens. Tableau capital du maître; il est sur bois.

PERUGIN.

128 — L'Enfant-Jésus exposé à la vénération de plusieurs saints personnages. Ce tableau,

qui est sur bois, vient de la vente Erard,
Feu Henri en donne ainsi la description :

Nouveau né et couché à terre, le fils de
l'homme est l'objet d'une grande vénération. Autour de lui sont rangés en
demi-cercle et à genoux la Vierge Marie
et son époux, le précurseur, saint Jérôme, saint Maurice, un autre person-
nage qui pourrait être le portrait du
donateur, et enfin trois anges ayant entre
les mains les emblèmes de la passion.
D'autres anges supportés par un nuage
au-dessus de la scène, célèbrent par des
hymnes l'ineffable bienfait de la rédemp-
tion.

On ne peut disconvenir que la disposi-
tion des figures de ce tableau, ne se res-
sente beaucoup du style gothique des
anciens maîtres; il manque en outre de
clair obscur. Mais ces défauts qui sont
généralement ceux de l'époque où vivait
l'auteur, sont rachetés par des airs de
têtes pleins de vérité, par une grande
propreté de pinceau et beaucoup de pu-
reté dans le coloris. En définitive, c'est
un tableau très remarquable et rare.

PERUGIN (école du).

129 — Sainte-Famille. Tableau sur bois.

PERROT.

130 — Vue de la jetée du port du Havre.

POELENBURG (manière de).

131 — Les Baigneuses. Tableau sur bois.
132 — Des Baigneuses dans une grotte. Tableau sur bois.

PORBUS (attribué à).

133 — Portrait de Delanoue. Tableau sur bois.

POUSSIN (école du).

134 — Etude de figures académiques.

PRUD'HON et Mme MAYER.

135 — Sujet présumé. Cornélie recevant les cendres de Pompée ; figures de grandeur naturelle.

RAOUX.

136 — Tête de jeune femme.

RAPHAEL (école de).

137 — Le Jugement de Paris. L'exécution de ce tableau est attribuée à Perrin del Vague d'après la composition de Raphaël.

RAPHAEL (composition de).

138 — L'Annonciation. Tableau sur cuivre dans le goût des écoles primitives. Ce sujet a été gravé.

139 — L'Annonciation. Même composition avec quelques changements que le tableau ci-dessus; celui-ci est peint sur marbre.

REVEST (1824).

140 — Sujet de la vie du Poussin.

RIGAUD (Hyacinthe).

141 — Portraits de La Quintinie, architecte des jardins sous Louis XIV, et de sa femme.

REYNOLDS (école de).

142 — Têtes d'anges.

ROENH père (M.).

143 — Intérieur de corps de garde hollandais.

ROBERT (Hubert).

144 — Ruines.

ROBERT LEFEVRE.

145 — Portrait en pied de l'impératrice Marie-Louise en costume impérial.

ROTTENHAMER.

146 — Susanne et les vieillards. Tableau sur cuivre.
147 — Les repas des Dieux de l'Olympe. Tableau sur cuivre.
148 — Nymphe endormie surprise par un satyre. Tableau sur cuivre.
149 — Vénus et Adonis.

RUBENS (école de).

150 — Résurrection du Lazare. Tableau sur bois.
151 — Eliezer. Très bonne esquisse sur bois.
152 — Chasse au cerf.

SCHALL.

153 — Scène familière, un jeune homme joue de la guitare devant deux jeunes filles.

SENAVE.

154 — Un marché près de l'église d'un village.
155 — Intérieur d'une grange hollandaise. Tableau sur bois.
156 — Jeune femme dans un intérieur hollandais.

SCHULTZ.

157 — Vues prises sur les bords du Rhin. Deux tableaux sur bois faisant pendant.
158 — Paysage, vue prise sur les bords du Rhin. Il est sur bois.

SICARDI.

159 — Une négresse devant un miroir. Sujet gravé avec le titre italien : *Mirate che bel risino.*

160 — La famille de Pierrot. Sujet gravé.

STELLA (Jacques).

161 — Sainte-Famille. Peint sur marbre.

SWAGERS (signé Caroline).

162 — La belle Espagnole.

SWEBACK DESFONTAINE, 1803.

163 — Bataille de Tripoli, le 25 avril 1800. Au premier plan, le général Kléber, à cheval, entouré d'un brillant état-major.

164 — Marche d'armée. Tableau sur bois.

TAUNAY.

165 — Le meunier, son fils et l'âne.

166 — Deux sujets de l'histoire de Paul et Virginie.

TENIERS père (Abraham).

167 — Bergers occupés à divers ouvrages champêtres, près d'eux leurs troupeaux. Tableau sur bois.

168 — Bergers et leurs troupeaux.

TENIERS (David).

- 169 — Assis au bord d'une rivière, sur le devant d'un paysage montagneux, un berger s'amuse à jouer du hautbois en gardant ses brebis et captive l'attention d'un paysan qui s'est arrêté pour l'entendre. Une échappée de vue entre une haute colline et des bouquets d'arbres composent ce tableau dans lequel il y a du Lorrain dans la dégradation des plans, du Salvator dans l'exécution, et cependant c'est un Teniers, un grand et beau paysage de Teniers. Tel parle feu Henri dans le catalogue de la vente du chevalier Erard, en 1832, où fut vendu ce tableau.

- 170 — Le savant de village. Tableau sur bois, d'une exécution fine et spirituelle.

TENIERS (signé).

171 — Un vieillard se chauffant ; il représente l'hiver.

TERBURG (d'après).

172 — Militaire offrant de l'argent à une femme.

THIBAULT, architecte.

- 173 — Vue de Tivoli.

TITIEN (École du).

174 — Bethsabé au bain.

TOCQUÉ et LANCRET.

175 — Portrait en pied de M. le duc de Penthièvre, grand amiral de France. Il va se revêtir du manteau de chevalier de l'ordre du Saint-Esprit qu'un page dispose à cet effet. Ce portrait est peint en 1742, le prince avait seize ans. Très bon tableau.

VAN BALEN (Henri).

176 — Les amours des Dieux. Tableau sur bois.

VAN DYCK (Composition d'Antoine).

177 — L'Enfant-Jésus embrassant saint Jean. Composition gravée.

VAN DER LAAN.

178 — La conversation entre plusieurs personnages vêtus à l'espagnol, dans un intérieur d'appartement. Tableau sur bois.

VAN FALENS.

179 — Halte de chasseur à la porte d'une hôtellerie. Tableau sur bois.

VALIN.

180 — Jeune baigneuse. Tableau sur bois.

181 — Buste nue d'une jeune fille.
182 — Tête de jeune fille voilée; genre de Vallin.

VAN MOL.

183 — Christ en croix. Tableau sur cuivre.

VANLOO.

184 — M⁰⁰ de Pompadour et M. de Marigny.
185 — La déclaration, deux figures dans un intérieur. Tableau sur bois.
186 — Portrait du duc de Penthièvre.

WATTEAU (Composition de).

187 — La Sérénade. Tableau gravé par Audran.

WATTEAU (École de).

188 — La troupe italienne. Tableau mécanique et à musique.

WATTEAU DE LILLE (signé).

189 — Un camp où bivouaquent des militaires visités par un grand nombre de villageois.

VEERSTEEG.

190 — La veillée, effet de lumière dans la manière de Schalken. Tableau sur bois.

VERHEYDEN (signé).

191 — Le joyeux buveur. Tableau sur bois.
192 — La blanchisseuse. Tableau sur bois.

VERNET (Genre de).

193 — Vue du Vésuve, marine.

VICTORS ou FICTOORS (Jean).

194 — La rencontre de Jacob et Laban.

VOUET (Simon).

195 — Adoration des rois. Esquisse en forme de frise, du plafond qui se voyait à l'ancien hôtel des Fermes à Paris.

196 — Le Temps enseigne à Vénus et Mars la manière de rendre l'Amour constant.

WOUVERMANS (Attribué à Philippe).

197 — Un cheval, une bergère montée sur un âne, se voient sur un chemin dans une campagne. Tableau sur bois

ZORG.

198 — Une cuisinière épluchant des légumes. Tableau sur bois.

ECOLE ALLEMANDE.

199 — Sainte Anne visitant la Vierge. Tableau sur bois.

ECOLE FLAMANDE.

200 — Paysage entouré d'une bordure ornementale peinte sur le tableau qui est sur bois.

ECOLE HOLLANDAISE.

201 — Marche d'armée.

ÉCOLE FRANÇAISE.

202 — Deux panneaux d'un Tryptique ; d'un côté des sujets du Nouveau-Testament, et de l'autre les portraits des donataires ; au bas de l'un de ces panneaux une légende française.

203 — Un cadre contenant quatre petits Sujets et Paysages peints sur bois, dont un Clair de lune, par *Lantara* ; un Orage, par *Taunay* ; un Sacrifice, par *Dural* ; Effet de soleil, par *Hue*, d'après Claude le Lorrain.

204 — Deux petits Paysages, genre de Demay.

205 — Paysage et Intérieur ; deux petits tableaux faisant pendant.

206 — Nymphe endormie surprise par un Satyre.

207 — Portrait d'homme ; riche bordure ovale.

208 — Cléopâtre se donnant la mort.

ÉCOLE MODERNE.

209 — Un Naufrage.
210 — La Remontrance paternelle.
211 — Bacchante endormie; elle tient des raisins. Riche cadre sculpté.
212 — Jeune Femme arrangeant un bouquet que lui présente une servante. Tableau sur bois.
213 — Sujet tiré de la Fiancée de Lamermoor, roman de Walter-Scott.

INCONNU.

214 — Saint Jérôme peint sur cuivre.
215 — Tête d'Apollon.
216 — La Vierge du Mont-Carmel.
217 — Une Bacchante, des fleurs dans ses cheveux.
218 — Portrait d'homme.

Miniatures, Aquarelles, Gravures.

219 — Ninon de Lenclos, aquarelle.
220 — Portrait de la belle Feronnière, peint sur porcelaine, d'après Léonard de Vinci.
221 — Tête de la Vierge, dite le Silence, miniature, d'après An. Carrache.
222 — Têtes de Daphnis et Chloé, au pastel; deux médaillons attribués à la Rosalba.
223 — La Paix ramenant l'Abondance, sujet peint sur porcelaine, d'après M⁰ˢ Le Brun, il a décoré le château de Trianon.

224 — La Brune Joséphine, aquarelle, par Mansion.

225 — Paysage avec Baigneuse, peint à la gouache, par Noël, en 1796.

226 — Un petit paysage, avec figures, fixé par Sweback.

227 — Portrait de femme brune. Miniature.

228 — Une miniature. Portrait de femme.

229 — Une aquarelle. Portrait de femme.

230 — Portrait d'Anne d'Autriche. Miniature.

231 — Trois médaillons peints sur porcelaine et sur émail.

232 — Trois gravures, Adam et Ève, d'après Cignani; Coucher, d'après Vanloo, par Porporati; Bethsabé.

233 — La Malédiction paternelle et le Fils puni, gravés d'après Greuze, par Flipart, épreuve avant la lettre.

234 — Voyage en Égypte, par M. le comte de Forbin, Paris, 1819, 1 vol. grand in-fol. 80 pl. lith.

235 — Voyage de la Grèce, par Choiseul Gouffier, 1 vol. in-fol. rel. en v.

236 — Vignettes pour les œuvres de Prevost et Le Sage, d'après les dessins de Marillier.

Curiosités diverses, Marbres, Bronzes, Ivoires, Meubles, etc.

237. — Bacchante. Très-belle statue en marbre, de grandeur naturelle, elle est de Franzoni, élève du cavalier Bernin.

238 — Psyché et l'Amour, deux groupes en biscuit.

239 — Bacchus et Ariane, bas-relief en bronze.

240 — Bacchus et Bacchante, 2 figures en bronze.

241 — Une Cassolette, soutenue par trois cariatides en bronze.

242 — Deux Coupes en bronze, socle vert de mer.

243 — Deux Flambeaux en bronze, figures chinoises.

244 — La Magdeleine, ivoire.

245 — L'Ange gardien, ivoire.

246 — Triomphe de Bacchus, ivoire.

247 — Adam et Ève, ivoire.

248 — Deux figurines en ivoire, xvii° siècle.

249 — Modèle d'une frégate.

250 — Un saint Jean en pierre de Florence.

251 — Une pendule ancienne, époque de Louis XVI, avec baromètre et thermomètre.

252 — Une table en scaïola.

253 — Deux statuettes en terre cuite.

254 — Un tableau horloge, en bronze artistique et cadre en cuivre.

255 — Un meuble à deux vantaux en marqueterie de Boulle.

256 — Fauteuils et Canapés anciens en soie et bois dorés, style Louis XVI.

257 — Les articles omis.

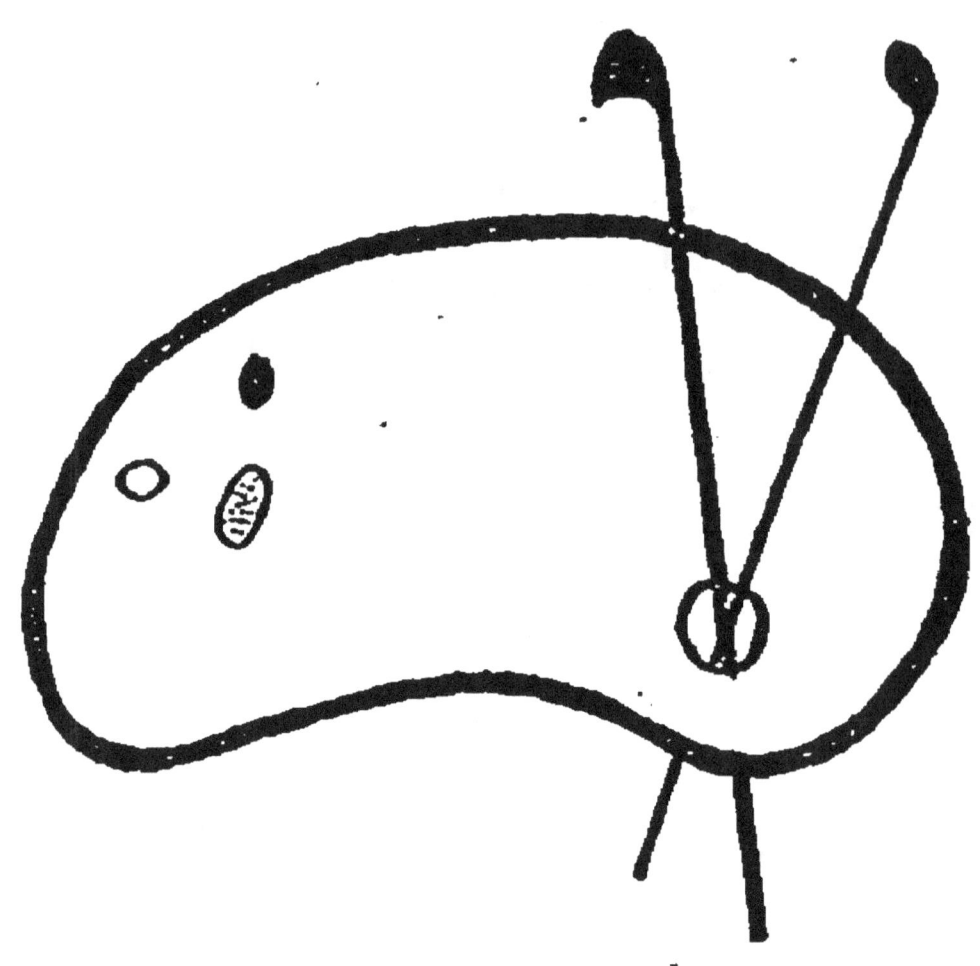

ORIGINAL EN COULEUR
NF Z 43-120-8

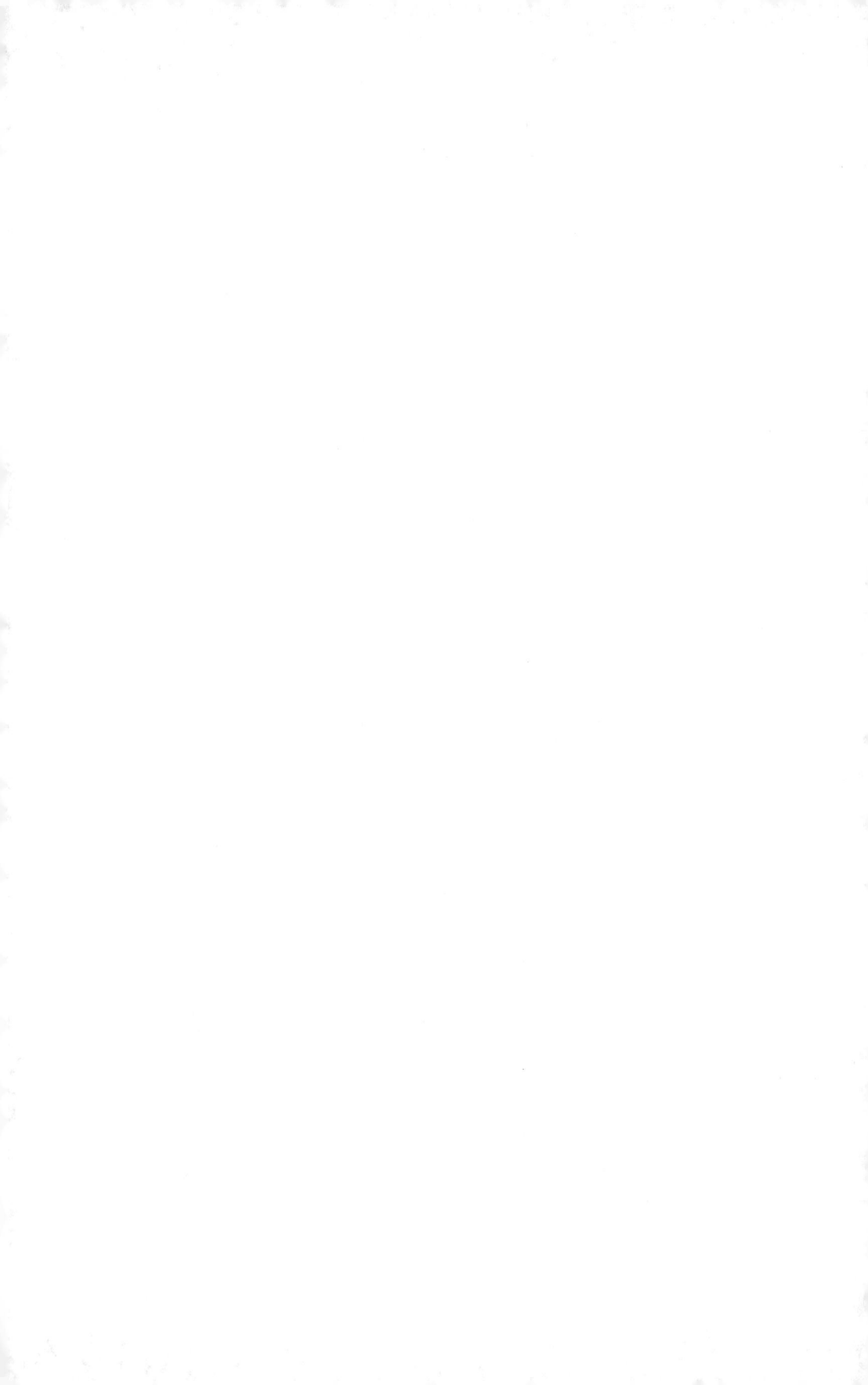

www.ingramcontent.com/pod-product-compliance
Lightning Source LLC
Chambersburg PA
CBHW030102230526
45471CB00003B/1217